♃ Love Happiness

♣ Love Happiness

♣ Love Happiness

♟ Love Happiness

🏵 Love Happiness

♟ Love Happiness

♣ Love Happiness

♀ Love Happiness

♥ Love Happiness

♟ Love Happiness

♟ Love Happiness

♣ Love Happiness